Durch meine Einstellung, die alles Leben liebt, habe ich Wege und Mittel gefunden, wie wir uns unser Leben erleichtern können und unser Wachstum bewusst steuern können. Erwachen zu einem bewussten selbstbestimmten Leben.

Authentisch, aufrecht und gesund. Es liegt mir sehr viel daran, dass ich so viele Menschen wie möglich erreiche und im Herzen berühre. Alles ist getan, wenn Dich die folgenden Zeilen zum Nachdenken bewegen und Du Dir mehr Qualitätszeit für Dich nimmst. Wer bist Du? Wohin gehst Du? Und warum bist Du hier? Alles wird Dir beantwortet von Dir SELBST. Mit meinen Zeilen, möchte ich Dir Möglichkeiten aufzeigen, wie Du die Antworten leichter hören kannst und Harmonie und Liebe in Dein Leben bringst.
Es soll kein Wegweiser sein, sondern eine Idee, eine von mir gelebte Möglichkeit aufzeigen, die

Dir vielleicht eine neue und einfachere Orientierung in Deinem Leben ermöglicht.

Die Zeitqualität erlaubt es, dass wir jetzt um vieles schneller in unserer Entwicklung vorankommen können und leichter Qualitäten integrieren, was zuvor Jahre brauchte.
Viele Vorreiter haben den Weg geebnet, der nur noch gegangen werden darf. Die Intuition spielt hierbei die Hauptrolle und ist der Schüssel, der uns erkennen lässt, ob etwas richtig oder falsch ist. Ob die gefragte Situation stimmig oder unstimmig ist. Genauso ist es mit dem Essen und Trinken, mit Produkten und Therapien, mit Verhaltensweisen und Gefühlen. Die Intuition ist die Instanz, die das Menschsein ausmacht. Unsere Intuition sagt uns, ob wir den richtigen Weg gehen, in allen Belangen.

Beginnen wir auf unsere Intuition zu hören, werden wir immer feiner und offener dafür und beginnen mit dem inneren Selbst – dem höheren Selbst zu kommunizieren. Mit der Zeit wird es dann ganz einfach, dass wir die Dinge erkennen und hinter die Kulissen schauen.

Hattest Du eine Aufgabe, oder wolltest Du hier etwas Spezielles erleben, eine Erfahrung machen, auf die Du Dich gefreut hast?

Es geht darum, wieder mit sich in Kontakt zu kommen, fühlen, spüren, SEIN.

Spüre die Ruhe in Dir, gehe so oft wie möglich an diesen Ort in Dich, denn dann erst können Antworten kommen und all die Erfahrungen richtig verarbeitet, gedeutet, umgewandelt werden.

Ich möchte gerne den kleinen Unterschied von Gesundheit und dem Zustand der körperlichen unangenehmen Hinweise klarmachen. Ich sage körperliche Hinweise, weil ich nicht an Krankheiten glaube. Krankheiten, sind alles Hinweise, wie wir unser Leben leben, erfüllt mit Gesundheit und Liebe oder eben nicht.

Falls Du spezifische Fragen hast, kannst Du mich gerne kontaktieren, denn ich lebe schon einige Jahrzehnte so mit meiner Familie und Krankheiten kennen wir nur aus Erzählungen. Glaubst Du, dass das ein Zufall ist? Ganz und gar nicht, denn auch ich durfte leben lernen, weil wir alle durch unsere Eltern und der staatlichen Erziehung, alles andere, als ein gesundes Leben und Erleben gelernt haben.

Dies ist das erste Büchlein und noch neun werden folgen. Ich freue mich auf Deine Meinung und bin gerne für Dich erreichbar, falls Du spezifische Fragen hast.

Lichtvolle Grüße

R.A.A.

Index

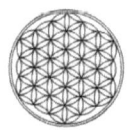

Ruhe und Harmonie

Wir dürfen wegkommen vom Sehen und beginnen die Welt wahrzunehmen. Das Wahrnehmen ist einer der ersten weiteren Entwicklungsprozesse, damit wir unseren eigenen individuellen Weg gehen können. Das Vertrauen und die Umsetzung kommen danach. Pflege Deine Intuition, lausche in Dich und Du wirst beginnen wahrzunehmen.

Erst Dein Inneres, Deine Gefühle, Dein Sein und es dann ganz sanft nach außen bringen. Auch die Pflege der Gedanken spielt hier eine sehr wichtige Rolle, denn die Gedanken sind die stärkste Macht des Menschen.
An der Diskrepanz Deiner Wünsche und Deiner Realität, kannst Du die Fähigkeit erkennen, wie bewusst, gezielt Du denkst. Es gibt zwei Arten des Bewusstseins. Das bewusste Sein und das nicht bewusste Sein. Je unbewusster und

verschwommener, willkürlich unsere Gedanken sind, desto mehr weichen unsere Erfahrungen von unseren gewünschten Erfahrungen ab. Dennoch ist es so, dass wir erkennen dürfen, dass im Unbewussten die größte Macht liegt, denn dies steuert alle wichtigen, körperlichen Lebensprozesse und die Erfahrungen die in unser Leben treten. Alles was wir automatisieren können, somit in das unbewusste verschoben wird, bekommt extreme Kraft und Macht.
Du kannst es wie Autofahren, ein Instrument spielen sehen. Wenn wir beim Autofahren an alle Fuß- Handbewegungen und Reaktionen denken müssten, würden wir wie ein schlechter Anfänger fahren und im Straßenverkehr sehr großer Gefahr ausgesetzt sein und eine ebensolche Gefahr für alle Beteiligten bedeuten.

Nur dadurch, dass das Autofahren in das unbewusste, wie das Atmen oder der Herzschlag verschoben wurde, haben wir Zeit und Freiheit, sich dabei zu unterhalten, Musik hören oder unser Denken mit anderen Dingen beschäftigen. Alles was wir lernen und trainieren, wird mehr

und mehr automatisiert und rückt zu einem
großen Teil ins Unbewusste.

Genauso funktionieren alle unsere inneren
mentalen Programme, von denen uns viele im Weg
stehen, das werden, was wir schon sind. Wenn Du
das erreichen willst was Du wirklich willst,
darfst Du es Dir so lernen, wie das Autofahren,
oder der Gleichen. Je mehr Du Dich mit dem
beschäftigst was Du willst, umso mehr wird Dein
Unbewusstes diesen Auftrag annehmen und in
die Realität umsetzen. Wenn wir uns zu einem
großen Teil mit dem beschäftigen, was wir nicht
wollen, unzufrieden und disharmonisch sind, kann
kaum das in unser Leben treten was wir wollen.

So erkennen wir, dass Harmonie der Schlüssel
für ein glückliches Leben ist.

Harmonie kann in und um uns nur dann erzeugt
werden, wenn wir harmonische Gedanken haben
und uns mit Dingen und Situationen beschäftigen,
die Harmonie erzeugen oder ausstrahlen. Wenn
wir in unserem Gegenüber, dem Menschen der
uns begegnet, das Positive sehen, werden uns
diese Menschen auch ihre positive Seite zeigen.

Wenn wir uns hingegen über ihre Unzulänglichkeiten beklagen, uns selbst damit in Disharmonie bringen, sind Komplikationen und Probleme unvermeidlich.

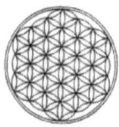

Es ist unerlässlich, dass wir immer wieder in die Stille gehen. Meditieren hat nichts mit Glaubensrichtungen zu tun, sondern fördert den eigenen Entwicklungsprozess, lässt uns Erlebtes besser verarbeiten und integrieren und Gewünschtes in unser Leben ziehen. Umsonst heißt es nicht, „In der Ruhe liegt die Kraft"!

Es ist sehr wichtig, dass wir in uns lauschen, am besten jeden Tag zur selben Zeit, am selben Platz und ohne Störungen. Die Erfolge kommen noch schneller und die Ruhephasen werden tiefer und entspannter. Wir lernen uns bewusst, dass wir uns mit dem beschäftigen was wir wollen, nehmen uns Zeit dafür und durch den Erfolg, die positive Veränderung in unserem Leben, werden wir immer mehr Freude daran haben.

Diese Zeiten machen es erst möglich, alles was wir erleben und uns vornehmen zu integrieren und wachsen zu lassen, oder zu transformieren. Es ist wie Wasser für die Pflanzen, dass das Wachstum fördert. Wenn wir uns nicht in die Stille, in die Ruhe begeben, werden unsere Gedanken konfus und durcheinander und in weiterer Folge sind wir dann ausgebrannt und bemerken kaum noch die wichtigen Informationen unseres Inneren, dem höheren Selbst.

Übung Eins

Beobachte einfach Deinen Atem, ohne etwas zu verändern oder besonders atmen zu wollen. Einfach nur den Atem beobachten. Wenn Gedanken kommen und Dich von Deiner Beobachtung wegholen, gehe einfach ganz sanft wieder zu Deiner Beobachtung. Immer wieder und Du wirst sehen, bald gibt es nur einen

Gedanken, das Atmen. In weiterer Folge hast Du dann keine Gedanken mehr und Du bist im Fluss des Atems. Du wirst daraus Kraft und Klarheit schöpfen können. Vor allem wird es die Kommunikation mit Deinem wahren Sein hervorbringen, welches Dich immer richtig durchs Leben führt. Du wirst Dir jede Frage beantworten können, die Deinen Lebensweg, Deine Entscheidungen betreffen.
Entscheidungen werden leicht, denn wir beginnen zu wissen, die Wahrheit zu spüren, unausweichlich und sicher.
In jeder Situation und sei sie noch so seltsam, werden wir diese innere Sicherheit und die richtige Antwort spüren. Es geht auch nicht darum, die richtigen Antworten zu bekommen, sondern die richtigen Fragen zu stellen, denn unser Selbst beantwortet uns jede Frage.

Die zweite Übung

Das Wahrnehmen. Wahrnehmen ist die ganzheitliche Form dem Leben zu begegnen. Wahrnehmen beinhaltet alle Ebenen, die inneren wie die äußeren und somit beginnen wir, dass wir aus uns selbst leben und sind nicht mehr länger Spielball der Umstände und Begebenheiten. So werden wir Schritt für Schritt lernen unser Leben selbst gestalten und das in unser Leben ziehen, was wir wirklich wollen.

Im Moment sind die meisten schon im Frieden, wenn sie die Situationen so meistern können, dass es nicht ganz so unangenehm ist oder halbwegs erträglich. Wir sind nicht hier um etwas ertragen zu müssen, sondern Freude am Spiel zu haben. Du, jeder von uns ist Schöpfer seines Lebens, denn niemand und nichts steht mit einer Fernbedienung hinter uns das wir uns bewegen.

Wenn wir lernen wahrzunehmen, werden wir immer besser sehen wie wir es anstellen unser Leben zu manifestieren und warum unser Leben so ist wie es ist.

Unser Leben ist nicht so wie es ist, weil der Vater, die Mutter, Geschwister oder sonst wer das oder das gemacht hat oder so oder so ist. Unser Leben ist so wie es ist, weil wir es uns so machen. Weil wir auf gewisse Situationen so reagieren wie wir reagieren, was dann die Situationen hervorruft, die wir erleben.

Wir haben viele Entscheidungen getroffen, die unser tägliches Leben gestalten. Viele dieser Entscheidungen haben wir durch Programme, die uns mitgegeben wurden getroffen und viele Programme haben wir durch Erziehung und Abschauen übernommen, die uns durch unser tägliches Leben leiten, uns jede Sekunde beeinflussen und haben viele davon noch nicht mal überprüft und hinterfragt.

Durch regelmäßige Innenschau, also Ruhephasen – Meditationen und das Üben des Wahrnehmens, werden wir wie gesagt, erkennen wie wir es anstellen, dass wir so sind wie wir sind, so reagieren wie wir reagieren und wie wir uns durch all das unsere Realität erschaffen.

Es gibt zumindest so viele Realitäten, wie es Menschen gibt, denn niemand ist gleich und niemand kann auch nur ansatzweise die Realität eines anderen verstehen oder so Wahrnehmen wie dieser.

Wir alle haben unsere eigenen Assoziationen, die durch unsere Erlebnisse geprägt wurden und eben gewisse Gefühle und Gedanken in uns hervorbringen. Niemand kann das Gefühl der Liebe so fühlen wie ein anderer Mensch und so ist es mit allen Situationen.

Ich möchte hier noch einmal die Wichtigkeit des Wahrnehmens betonen, denn dadurch werden wir erkennen, warum wir auf gewisse Situationen so reagieren, wie wir es tun und können dann einfacher loslassen, was dann die Situation augenblicklich verändern wird und so gestalten wird, wie wir das wollen.

Streitereien und Unstimmigkeiten werden immer weniger.

Wir nehmen wahr, erkennen, lassen los und so kann sich alles positiv verändern.

Wahrnehmen kommt aus dem Inneren, beinhaltet alle Gefühle und alle Situationen die wir je erlebt haben. Wir werden immer weniger reagieren und immer mehr agieren.

Mit dem Partner, dem Chef, der Mutter, den Geschwistern oder Freunden, werden immer wieder dieselben Situationen erlebt, da wir immer gleich darauf reagieren, fühlen und denken. Wenn wir wahrnehmen, erkennen wir unser eigenes Wesen und das Wesen des Gegenübers und können dadurch aus dem Herzen handeln und kommen immer mehr weg durch den Verstand und die Gewohnheiten zu reagieren. Frei sein heißt, dass wir frei aus dem Herzen leben, denn da finden wir das was wir wirklich wollen. Mit dem Verstand können wir das nicht erkennen, recherchieren oder sonst wie finden, denn der Verstand kann immer nur aus schon erlebten Parametern kalkulieren und nachbauen.

Dadurch werden wir immer wieder dieselben Situationen erleben. Wenn wir aus dem Herzen handeln, werden wir immer genau die richtige Entscheidung treffen und die für alle Beteiligten beste Lösung leben, auch wenn diese im Moment für das Gegenüber schwer zu erkennen ist.

Ich erlaube es mir schon lange nicht mehr länger als 10 Sekunden an ein Problem zu denken, denn ich möchte vom Herzen lieber die Lösung finden, was dann einen ganz anderen Ausgangspunkt und andere Gefühle erzeugt. Ich habe mich und mein Leben auch von Menschen befreit, die ich davor nur geduldet habe und mich dadurch selbst nicht authentisch verhalten habe. Ich bin nicht hier um zu erdulden und auch nicht um mich irgendwie verhalten zu müssen, wie es nicht stimmig für mich ist.

Natürlich verabschieden sich dadurch erst einmal viele Menschen aus unserem Leben, doch das was nachkommt sind dann jene, mit welchen wir wachsen können uns ergänzen und sich stimmig fühlen.

Wir sind nicht hier, dass wir uns und Andere ständig belügen, was Betrug und Selbstbetrug bedeutet, den wir weltweit erleben.

Kompromisse, Erduldungen, sind die Erzeuger des Betrugs und der Lügen. Wenn wir einen Kompromiss eingehen, verwehren wir unserem Gegenüber die Möglichkeit das zu bekommen was es will und wir bekommen natürlich auch nicht das was wir wollen, weil wir eben einen Kompromiss eingegangen sind. Kompromisse sind ein Betrug und machen es unmöglich sich so zu erkennen wie wir wirklich sind und das Leben so zu manifestieren, wie es uns entspricht.

Wir leben dann ein Leben, welches sich nach den Begebenheiten der Außenwelt richtet und sind somit Spielball der Umstände. Leicht manipulierbar und so können wir ganz leicht in eine Richtung geführt oder besser gedrängt werden, die uns nicht entspricht. Wir verlernen dadurch immer mehr auf unser Inneres zu hören und unsere wahren Gefühle wahrzunehmen.

Lerne das kompromisslose Leben leben und beginne am besten gleich jetzt damit.

Wenn Dir mein Buch nicht gefällt, leg es gleich weg. Wenn Dir eine Situation nicht gefällt, nicht stimmig ist für Dich, lausche in Dein Herz, in Deine Gefühle, nimm wahr und Du wirst die richtige Lösung sofort spüren oder wissen. Handle danach, auch wenn es bedeutet sich von etwas oder Jemanden zu lösen. Erkenne, dass es nur Sinn macht, sich nach dem richten was sich stimmig und richtig anfühlt. Wir müssen nicht und Du musst nicht! Du musst nicht so oder so sein, Dich verhalten oder handeln, nur weil es die Situation glaublicher Weise so verlangt.

Glaublicher Weise, weil Du es so annimmst. Das hat jedoch mit der Wahrheit, der Wirklichkeit nichts gemeinsam.

Erst wenn wir ein kompromissloses Leben leben, können wir uns Allen es ermöglichen uns erkennen und schneller das werden was wir eigentlich schon sind. So wie es die bekannte Geschichte des Frühstücksbrötchens erzählt:

In einem Haushalt eines schon älteren Ehepaares, ging der Mann jeden Tag gewisse Frühstücksbrötchen holen, obwohl er diese nicht mochte, doch er dachte seine Frau liebt diese. Eines Tages nach vielen Jahren, saßen sie beisammen und redeten miteinander und der Mann erklärte seiner Frau, dass er diese Brötchen eigentlich nicht mag, weil sie ihm nicht schmecken und ob es ihr was ausmacht, wenn er nur noch die Brötchen für sie holt.
Die Frau schlug die Hände zusammen und sagte: „Gott sei Dank, ich mag diese Brötchen auch nicht. Ich habe sie nur gegessen, weil ich dachte Du magst sie so gerne".

Viele Jahre des Ertragens.

Hier geht es nur um Brötchen, doch selbst
solche kleinen Situationen können auf Dauer
solches Unbehagen in einem erzeugen, dass diese
Krankheiten und seltsame Symptome
hervorrufen.

Solche Situationen und noch krassere, erleben
die meisten von uns in einer Vielzahl, jeden Tag
und halten daran fest, nur weil sie glauben, das
müsse so sein, weil es glaublicher Weise dem
Partner, dem Chef, der Mutter, dem Vater oder
sonst wem so recht ist.
Ich kann mich noch sehr gut an die Situationen
erinnern, wo ich Besucher bei mir Daheim abwies,
als ich erkannte, dass ich besser meinem Herzen
und meinen Gefühlen folge. Natürlich sind solche
Situationen nicht die angenehmsten, jedoch
ehrlich und authentisch. Ich habe sie auch nicht

einfach weggeschickt, sondern gefragt, warum sie mich besuchen, was sie fühlen und ob es für sie genauso unstimmig ist, wie für mich. Meist war das auch so und viele sind erleichtert, die sogenannten Pflichtbesuche nicht mehr machen zu müssen.

Oft passiert das mit Familienmitgliedern, was ich auch sehr schnell und ehrlich abgestellt habe und auch selbst nicht mehr mache. Meine Halbschwester habe ich schon seit 9 Jahren nicht mehr gesehen und es geht uns beiden nicht ab. Vorher war das eben einer dieser Pflichtbesuche, wegen Mama oder weil wir glaubten es müsse so sein. Wir haben einfach keine Gemeinsamkeiten oder Interessengebiete und auch die Art und Weise wie wir das Leben sehen und leben, ist sehr verschieden. Uns Beiden ist es jetzt leichter und wir können mit Gelassenheit an uns denken. Wenn es etwas zu besprechen gibt, funktioniert das sehr gut per Telefon oder E-Mail.

Es gibt so viele Programme, die wir aus früheren und diesem Leben mit uns herumschleppen und absolut nicht stimmig sind. Wenn wir in das Wahrnehmen kommen, erkennen wir sehr viele dieser Programme und können diese loslassen. Ich glaube, Loslassen ist eine der wichtigsten Handlungen unseres Daseins.

Wahrnehmen ermöglicht es uns, dass wir alle unsere alten Entscheidungen neu erfühlen können, neu treffen oder sie zu kalibrieren. Alles ist Bewusstsein und wir haben immer recht, denn es ist immer so wie wir denken oder es fühlen. Deshalb ist es für Viele so schwer den Blickwinkel zu ändern. Durch unsere Einstellung, Gefühle und Gedanken, manifestiert sich unser Leben. Die meisten sagen dann: „Ich habe es ja gleich gewusst". Das Leben/wir, werden immer die Situationen in unser Leben ziehen, von welchen wir überzeugt sind, an die wir glauben. Glauben ist vielleicht nicht die richtige Beschreibung, wissen trifft es schon besser. Wenn jemand reich, wohlhabend werden möchte, sich jedoch mit seinem Armutsbewusstsein herumschlägt, wird er immer Situationen in sein Leben ziehen, die dieses Armutsbewusstsein bestätigen. Wir dürfen SEIN was wir wollen und wissen, denn Alles ist möglich. Dazu gibt es unzählige Beweise auf unserer Erde und auch in unserem Leben.

Übung drei Vertrauen

Jetzt kommen wir zum nächsten Schritt, nach dem Wahrnehmen, dem Vertrauen.
Vertrauen wem oder was? Vertraue Dir selbst und dem Leben ! Du musst Deinem Körper auch nicht sagen, dass er atmen soll. Viele Prozesse in unserem Körper laufen einfach automatisch ab und meist vertrauen wir darauf, dass das in der richtigen Weise funktioniert. Erst wenn wir aus der Mitte fallen, zweifeln wir und unangenehme Symptome finden ihren Platz und ihre Bestätigung. Deshalb heißt es auch: „Ein gesunder Geist, bewohnt einen gesunden Körper"!
Wenn wir uns entscheiden, für was auch immer, dürfen wir felsenfest darauf vertrauen, dass es auch so ist. Nicht sein wird – IST !
Erst das Gefühl des Ist-Zustands, wird die gewünschten Entscheidungen in das Leben ziehen. Es ist auch nicht wichtig, dass wir wissen

wie das oder von wo das in unser Leben kommt.
Nur das „WAS" soll klar und genau sein.
Klar und genau gefühlt und erdacht. Je klarer
und genauer Du das Gewünschte fühlen und
denken kannst, umso konkreter kommt es auch
genauso in Dein Leben. Euphorie oder zumindest
Freude sollte vorhanden sein. Deine
Vorstellungen sollten von dem Gefühl begleitet
sein, wie es ist, wenn Du das Gewünschte hast.
Am besten so, dass Du es Dir in diesem Moment
nicht wünscht, weil Du das Gefühl hast, dass Du
es schon hast.
Anfangs dachte ich auch: „So ein Quatsch, wie
soll das gehen", doch je mehr ich übte umso
besser hat es funktioniert. Ich hab's am Anfang
mit ganz kleinen Wünschen gemacht und dann mit
einem großen – „dem Wunsch auf den Philippinen
zu leben, mit allem was ich dazu brauche, um ein
Leben in Liebe und Wohlstand leben zu können.
Vor zwei Monaten bin ich mit meiner Familie nach
Cebu gezogen und wir freuen uns jeden Tag über
das herrliche Klima und die lieben Menschen.
Es funktioniert, das weiß ich aus eigener
Erfahrung und das von vielen Gelegenheiten.
Auch meine Töchter, die jetzt acht und neun

Jahre jung sind, haben damit sehr tolle Erfahrungen und Bestätigungen. Die Beiden sind schon meisterhaft im Erdenken und Erfühlen der Dinge und Situationen die sie wollen. Von den Kindern können wir die Leichtigkeit des Tuns lernen. Tun, ohne zu tun und alles wird getan. Alles funktioniert in der Begeisterung des Tuns und Ausprobieren. Da ist kein Platz für Zweifel oder behindernden Gedanken.

Sich erfahren heißt der Begeisterung, Intuition und Innenschau Raum geben, dabei im Herzen bleiben und die aktive Ruhe genießen. Gedankenverloren manifestieren wir am wirkungsvollsten, doch wie oft erlauben wir es uns, dass wir gedankenverloren bleiben. Meist erachten wir es als eine schlechte Eigenschaft, etwas was nicht sein soll oder darf. Wir werden konditioniert immer den Überblick mit unserem Verstand zu behalten, doch der Verstand kann nicht wahrnehmen, der Verstand kann nur eines nach dem Anderen erfassen und mit schon erlebten kombinieren, woraus nichts Neues entstehen kann.

Wenn wir im Wahrnehmen sind, sind wir auch im Bewusstsein, denn dann nehmen wir mehr als nur eine Sache wahr. Eine ganze Situation, einen ganzen Raum, einen Menschen in seiner Ganzheit oder der Gleichen.

Wir laufen seit ein paar Jahrhunderten wie Lemminge – ferngesteuert in unserem Leben herum, glauben zu leben und zu entscheiden und merken kaum wie dick der Schleier vor der Klarheit des Bewusstseins ist, der von einer Gruppe von Wesen, die auf ganz hinterlistige Art und Weise ihren Plan durchziehen wollen, versucht wird, diesen aufrecht zu erhalten. Deshalb dürfen wir alles vergessen, was wir gelernt haben, – „wie was funktioniert", denn das ist sehr weit weg von der Wahrheit.

Wir sind perfekte Wesen – Schöpfer – und das immer! Bewusst, oder unbewusst, deshalb manifestieren die meisten noch die Pläne dieser kleinen Gruppe, die die Welt glaubhaft beherrschen.

Der einzige Weg den ich kenne, um all diese Viren in uns loszulassen und wieder zu uns zu kommen, ist eben Deinen Weg erkennen und gehen.

Hier beginnt die Wichtigkeit der GEDANKENHYGIENE und das Achten auf unseren emotionalen Zustand – Ausdruck – Abdruck, Ursache und Wirkung.
Auch wenn es leider noch viele nicht glauben und integrieren wollen, sind Phasen der Ruhe/Meditation sehr wichtig.
Nur wenn wir wieder lernen in uns zu gehen, können wir uns wieder begreifen – erfahren – spüren – lieben – SEIN !

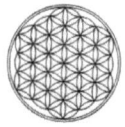

Körper und Geist in Einklang bringen

Wie ernährst Du Dich ?
Was denkst Du ?
Womit beschäftigst Du Dich ?

Welche Musik, Filme siehst Du ?

Welche Information ist das ?

Wofür interessierst Du Dich ? Und was gibst Du
vor interessant zu finden ?

Wie ehrlich lebst Du Dich ?

Was machst Du?

Das sind ein paar der entscheidenden Fragen in
Bezug auf Gesundheit.

Es geht um die Ganzheitlichkeit, Du - Deine
Umgebung und der Rest der ganzen Welt.

Gesundheit ist eine Lebenseinstellung, genauso
wie Leid und Krankheit. Ich arbeite nun schon
seit mehr als 30 Jahren in der
Gesundheitserhaltung und alle haben mir
bewiesen, dass es ebenso ist. Mein letzter
Arztbesuch als Kunde, war als ich 18 Jahre jung
war. Heute mit 57, weiß ich, dass man erstens
alles loswerden kann, was man sich zugelegt hat
und zweitens, dass alles einen Grund hat, nichts
einfach so kommt. Alle Unannehmlichkeiten, so
auch die schönen Erlebnisse, haben die
entsprechende falsche oder richtige Ursache.

Ursache und Wirkung. Beginne darüber nachzufühlen, welche Wirkung Deine Gedanken, Deine Worte und Handlungen haben. So bringst Du Körper und Geist in Einklang.

Ich kenne einen Friseursalon, wo mittels eines großen Schildes darum gebeten wird, nicht über Krankheiten zu sprechen.

In diesem Salon ist es meist sehr still, denn die Leute wissen sich nichts zu erzählen. Die Menschen reden wo immer es geht über Krankheiten ihr Leid oder das Leid und die Krankheiten Anderer.

Alles was wir denken und dann auch noch sprechen, gibt unserem Körper auch das dazu passende Gefühl und die dazu passenden Gedanken. Ursache und Wirkung. Gedanken sind unsere stärkste Kraft und Macht zugleich. Dieselben Gedanken, Gefühle und Bilder oft ausgesprochen, gefühlt und gesehen, manifestiert immer mehr einen Teil davon in uns und unserem Leben. Wir dürfen lernen und nur noch denken was wir wollen, denn dann werden wir nur noch angenehme Gefühle und Bilder in uns tragen und somit auch immer mehr nur noch angenehme wünschenswerte Situationen kreieren und durchleben. Wie oben beschrieben ist es sehr wichtig, all die Menschen aus unserem Leben gehen zulassen, loszulassen die nicht stimmig für uns sind. Dann können wir Schritt für Schritt immer mehr, die Gedanken entlassen, die destruktiv, zerstörerisch und unerwünscht sind. Wie ?

Immer wenn wir es bemerken, wechseln wir zu den Gedanken, die wir wollen. Unseren größten Wunsch zum Beispiel. Den können wir dann ausbauen und genau erdenken. Wenn wir dann ganz vertieft sind in diesem Erdenken, werden wir danach bemerken, dass es diesen Moment gab, in welchem wir nicht mehr wünschten, da wir mitten in dem waren, was wir uns erwünschen, so als sei es schon vorhanden. Wieder Ursache und Wirkung. Achte darauf was Dir die Menschen erzählen. Wenn es in Dir Disharmonie erzeugt, sei so ehrlich und teile das mit. Ziehe Dich aus dem Gespräch zurück oder mache diese Menschen darauf aufmerksam was sie produzieren und wozu sie beitragen und aussenden.

Körper und Geist in Einklang bringen, beginnt mit unserer Einstellung unseren Gedanken,

Gedankenbildern, unserem Gemüt und unserem Gewissen. Wie oben beschrieben beginnt das mit einem kompromisslosen Leben. Tu das was Du willst, Schritt für Schritt immer mehr. Du hast ja auch nicht gleich mit allen Kompromissen begonnen, sondern diese Schritt für Schritt aufgebaut und bist so zu sagen Verträge eingegangen, die oft nicht wirklich stimmig sind. Das hat dann Deine Gedanken vergiftet, in Folge Deinen Körper und möglicher Weise Symptome hervorgerufen, die Du nicht willst und Deine Gesundheit nicht unterstützen.

Selbst wenn Du jetzt Krank bist und von seltsamen Begleiterscheinungen gepeinigt wirst, kannst Du jetzt beginnen, dass Du Dich gesund und lebendig fühlst. Du brauchst es Dir nur vorzustellen, ganz in dieses Gefühl hineingehen, wie es wohl ist, wenn Du gesund und lebendig, kraft- und energievoll bist. Mit der Zeit werden diese Vorstellungen so stark, dass Du dich wirklich wohler und energievoller fühlst. Es gibt auch sehr viele gute Hilfsmittel, die uns dabei unterstützen. Das sind für mich die Produkte von Sergeij Kolzov, die Funktionskorrektoren, die Svetl Generatoren und einige gute Mineralien.

Auch Rainer Franke mit seinem System: „Klopf Dich frei", ist und war für mich jeden Tag eine super Unterstützung und Hilfe. Eine der besten Methoden, die ich kenne und ist leicht im Internet zu finden.

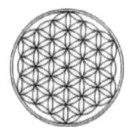

Die Resonanz – die Anziehung

Ich für mich weiß, dass es immer darauf ankommt, welche Resonanzen wir mit unseren Gedanken, Gedankenbildern und Handlungen kreieren. Das werden wir auch in unser Leben ziehen. Die Situationen und Begebenheiten, die genau diese Gefühlsstruktur haben, werden eben Lebenssituationen in unser Leben ziehen, die unseren Vorstellungen, eben diesen Gedanken und Handlungen gleich sind.
Bin ich ein mürrischer Mensch, werde ich immer Situationen anziehen, in welchen ich weiter mürrisch sein kann. Bin ich ein liebender Mensch,

werde ich Situationen in mein Leben ziehen, wo ich diese Qualität auch ausleben kann.

Es ist sehr angenehm für uns, wenn wir auf angenehme Weise Mittelpunkt der Aufmerksamkeit anderer Menschen sind. Wenn uns andere schätzen und mit guten Gefühlen beschenken, baden wir förmlich im Wohlgefühl. Doch niemand kann diese Aufmerksamkeit auf Dauer aufrechterhalten, weil sich die Menschen oft verschiedenen Dingen widmen oder einen Fehler gemacht haben und sich dann schlecht fühlen. Manche stecken auch in Entwicklungsprozessen und sind dadurch vielleicht schlecht gelaunt oder schieben ihre schlechte Laune auf die Außenwelt und die Menschen die sie treffen.

Wenn Du Dich unvollkommen fühlst und deshalb einen Partner suchst um Dich ganz zu fühlen, kann auf Grund des Resonanz Gesetzes nur ein Partner in Dein Leben kommen, der sich ebenso unvollkommen fühlt wie Du. Diese Partnerschaft kann dann auch nur unvollkommen und nicht so erfüllend sein. Es ist absolut wichtig, dass Du, Dein inneres Du und Dein äußeres Du eine absolut gute Beziehung haben und immer Mittelpunkt der

Aufmerksamkeit sind. Eine sehr gute Beziehung kann nur dann zustande kommen, wenn sich die beteiligten Menschen mit sich selbst schon sehr wohl fühlen.

Alleine mit sich glücklich sind und dadurch keinen Persönlichkeitsmangel aufweisen. Dein innerstes strömt immer ein Gefühl der Harmonie und Freude aus. Wenn wir diese nicht unter unseren Mangelgedanken begraben und uns mit diesen wundervollen Gefühlen überschwemmen, wird es uns immer gut gehen, in jeder Beziehung.

Gehe in die Stille, verbinde Dich mit Deinem inneren Selbst, spüre diese ausstrahlende Harmonie und Liebe, bade darin, verbinde Dich immer mehr damit, bis es Deine Gewohnheit wird, dass Du Dich selbst immer als Mittelpunkt Deiner Aufmerksamkeit empfindest.

All das hat nichts mit Egoismus zu tun, denn nur wer sich selbst liebt, ist auch fähig jemand anderen zu lieben. Nur wer zu sich selbst eine gute harmonische Beziehung hat, kann auch harmonische Beziehungen führen und diese Gefühle weitergeben.

Wenn Du noch ein Mensch bist, der oft die Unzulänglichkeiten und Fehler anderer sieht und sich darüber beklagt, weißt Du aus Erfahrung, dass Du Dir mit einem solchen Verhalten selbst schlechte Gefühle bereitest und auch diese abstrahlst, was meist zu Diskussionen und seltsamen Konfrontationen führt.

Lerne das Gute in Deinem Gegenüber sehen, Dich darüber freuen und mehr daraus machen.
Du wirst sehen, wenn Du den Unzulänglichkeiten anderer keine Aufmerksamkeit mehr gibst und stattdessen die positiven Seiten siehst und wertschätzt, wird es dieser Mensch leichter haben die Unzulänglichkeiten loszulassen und wird seine positiven Eigenschaften leichter größer machen können und Freude daran haben.
Unsere Aufmerksamkeit ist die Nahrung für die Realität und somit der Helfer und Zerstörer je nach dem was wir damit beleuchten.
Wir selbst sind dafür verantwortlich, was wir erleben, nicht der Nachbar, Chef, Freund, Ehepartner usw. Durch unser Sosein, ziehen wir genau das in unser Leben, was all dies, was wir sind bestätigt. Das ist das Gesetz der Resonanz. Wir können es überall erkennen.

Leicht zu erkennen ist es, wenn wir uns die Menschen und deren Lebensstruktur ansehen. Wie lebt und denkt ein wohlhabender Mensch ? Wie lebt und denkt ein armer Mensch ? Wie lebt und denkt ein kranker Mensch ? Wie lebt und denkt ein brutaler Mensch ? Wie lebt und denkt ein heiliger Mensch ? All diese extremen Unterschiede werden nur durch unser Denken und Fühlen aufgebaut und in unser Leben gezogen, denn je nach Struktur, werden wir genau diese Situationen und Gleichgesinnten aufsuchen und in unser Leben ziehen, wie wir es ausstrahlen und erdenken- fühlen.

Eine 2 Watt Lampe kann eben keine 100 Watt ausstrahlen und umgekehrt auch nicht. Eine Blaulichtlampe kann auch nur blaues Licht ausstrahlen und wird seine Umgebung in diesem Licht färben. So machen wir das auch in jedem kleinsten Moment. An meinen Früchten kann ich meine Gedanken erkennen, an meinen Gefühlen kann ich auch meine Gedanken erkennen. Alle Gedanken zu kontrollieren, ist ein Ding der Unmöglichkeit, doch ich kann auf meine Gefühle achten, die mich jeden Moment fühlen lassen, wie ich denke und was mich beschäftigt. Habe ich unwohle unstimmige Gefühle, sind meine Gedanken ebenso. So ist es einfach Schritt für Schritt, mich darauf zu besinnen, mich immer wohl zu fühlen, also immer Gedanken in mir pflegen, die mich wohlfühlen lassen. Die Bilder in mir erzeugen die ich gerne sehe, dass was ich erleben möchte ausdrücken und somit in Resonanz bringen.

Alle Reaktionen der Situationen in denen ich lebe und der Menschen die mich umgeben, drücken meine Einstellung zu diesen Menschen und Situationen aus.
Daher heißt es eben auch, die Reaktion ist die Antwort auf meine Aktion – meine Einstellung, Gedanken und Gefühle.

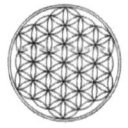

Die Schwingung

So erkennen wir, dass alles Schwingung ist. So
wie es aus mir heraus schwingt, so kommt es
auch zurück. Diese Energien und Schwingungen
treffen immer auf die gleichen Energien und
Schwingungen, verstärken sich und kommen so
wieder zurück.

Wir waren sicher schon alle mal so richtig
verliebt. Mit Schmetterlingen im Bauch,
euphorisch, jeden Moment genießend. Wenn uns
dies unser Partner ebenso entgegenbrachte, hat
sich das alles verstärkt und wurde zu einem
unvergesslichem Erlebnis. Die Zeit hebt sich auf
und oft verschwindet damit auch das
Raumgefühl. Energien und Schwingungen, die sich
gegenseitig nähren.
Alles in und um uns ist in ständiger Bewegung und
verändert sich andauernd, bleibt niemals gleich.
Nur mit unseren Gedanken und Gefühlen können
wir Beziehungen und Situationen annähernd
gleich aufrechterhalten. Doch ändern wir unsere

Einstellung, somit unsere Gedanken und Gefühle, ist plötzlich alles anders und die Kulisse verändert sich ebenso augenblicklich und wenn sie einfach nur in einem anderen Licht gesehen wird.

Alles um uns herum schwingt, dadurch sind wir mit allem verbunden und können so ganz einfach erkennen, erfühlen ob es für uns stimmig ist oder nicht. Genauso hat auch alles seine Zeit, seine Zeitqualität. Wir können nichts erzwingen. Schwingungen bauen sich auf und dann, wenn es so weit ist, die Zeitqualität stimmt, wird es in Erscheinung treten. Wir können uns bereitmachen, alles loslassen was nicht stimmig ist und in uns das aufbauen, was uns ruft, unsere Berufung ist. Die Schwingung unserer Berufung, das sind die Situationen, die uns am meisten Freude bereiten, die Beschäftigungen die uns erfüllen, die Menschen mit denen wir wachsen können, uns so zu sagen ganz machen.

Es macht auch nicht viel Sinn ständig in unerwünschten Situationen und Beziehungen zu stecken. Oft wechseln die Menschen ihre Beziehungen, um nach kurzer Zeit zu bemerken, dass sie wieder dieselben Probleme und Begebenheiten haben. Wenn wir uns nicht selbst ändern, unsere Schwingung, unser Schwingungsfeld, werden wir immer die annähernd gleichen Menschen und Situationen in unser Leben ziehen.

Wie innen, so auch außen. Alles beginnt in uns und das was wir im Außen erleben, ist nur die Spiegelung unseres Innenlebens, unserer Gedanken, Gedankenbilder und Gefühlen.

So lernen wir mit unseren Schwingungen umgehen, sie zu erkennen. Nur durch die Erkenntnis, wissen wir welche unserer Schwingung, welchen Erfahrungsbereich hervorruft. Auch lernen wir uns besser kennen, weil wir gleichzeitig erkennen, wie wir auf was reagieren und können das Reagieren Schritt für Schritt reduzieren und in bewusstes Agieren ändern.

Wenn wir bewusst agieren sind wir von Emotionen nicht so sehr beeinflusst und vor Allem wissen wir schon vorher was wir tun, was bei einer Reaktion meist nicht der Fall ist.

Alles ist Schwingung und in ständiger Bewegung. Leicht zu erkennen, wenn wir uns wohlfühlen, ein Raum, ein Haus, eine Kirche oder ein Schloss eine gewisse Atmosphäre ausstrahlt. Wenn wir ein bewusstes Leben wählen, können wir so mit Hilfe unserer Gedanken und Gefühle, eine Atmosphäre schaffen, wo wir uns und alle anderen sich wohl fühlen.

Das ist auch die Sprache des Herzens und wir werden erkennen um wieviel stärker die Gedanken aus dem Herzen sind, als aus dem Kopf, vom Verstand.

. . . .

Ich habe an vielen Dingen keine Freude und glaube an viele Dinge nicht, die der Stolz der heutigen Menschheit sind; ich glaube nicht an die Technik, ich glaube nicht an die Idee des Fortschritts, ja nicht einmal an die Demokratie, ich glaube weder an die Herrlichkeit und Unübertrefflichkeit unserer Zeit, noch an irgendeinen ihrer hochbezahlten Führer,

während ich vor dem, was man so ,Natur'
nennt, eine unbegrenzte Hochachtung
habe." -
von Hermann Hesse

. . . .

Wissenschaftlich ist es schon nachgewiesen,
dass das Herz mehr Synapsen hat, eine viel
größere Reichweite hat und eine direktere
Verbindung zu allem aufbauen kann, als das
Gehirn mit seinem Verstand. Das Herz ist viel
mehr als wir gelernt haben und uns glauben
gemacht wird, wie oben schon etwas
beschrieben.
Unser Herz kann sich über Raum und Zeit mit
allem verbinden und kommunizieren.
Alles ist Schwingung – wenn wir das stets
beherzigen, werden wir ein leichteres und
angenehmeres Leben haben und
Herausforderungen leichter handhaben können.
Sprich und denke mit dem Herzen und die
Wahrheit wird sich Dir offenbaren.
Dies ist der erste Teil Meiner Buchserie und ich
hoffe Du kannst damit etwas anfangen. Im

nächsten Teil, geht es etwas mehr um die Umsetzung. Und wie Du auf einfache Weise ein gesundes Leben, leben kannst. Praktische Tipps aus meinem Alltag und unterstützende Produkte, die uns einiges erleichtern.

Als Abschluss in diesem kleinen ersten Teil, möchte ich Dich noch an eines der mächtigsten Werkzeuge erinnern.

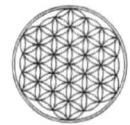

Die Wertschätzung

Wirklich – also wirkend. Wirkliche Wertschätzung erhebt sofort Dein Energieniveau. Denke daran und nutze es. Fühle richtig hinein in die Wertschätzung. Schätze es wert, dass Du lesen kannst und dass Du jetzt weißt, dass es an Dir liegt, welche Situationen Du in Dein Leben holst.

Es ist auch kein Kilometerlauf und bringt sehr viele angenehme Begleiterscheinungen. Mehr

Gelassenheit, Klarheit, Erkenntnisse, so wie auch
Freude, dadurch freudigere Situationen und
wenn wir unsere höhere freudigere Energie
länger halten, wird sich das Leben ebenso positiv
präsentieren.

Wichtig ist es, dass Du bei Dir bleibst, Dich wohl
fühlst und so viel wie möglich Freude hast. So
kann dann die Wertschätzung immer öfter
eingesetzt werden, bis wir uns über unser
gesamtes Leben freuen und dadurch auch eine
wertvolle Hilfe weitergeben.

Die Liste ist lang, was das alles auslöst.
Gelassenheit, Vertrauen, Ruhe, Liebe vor allem in
Dir selbst, Begeisterung, Freude, und auch eine
bessere erweiterte Intuition.

Was genau ist denn nun die Wertschätzung ?
Vieles was uns umgibt und uns dienlich ist, darf
sich einer Wertschätzung erfreuen. Hab Freude
an den Dingen und Situationen, die Du schön und
angenehm empfindest. Drücke es mit Deinen
Gefühlen und Worten aus. Bedanke Dich für dies
und das. Mach den Menschen die Du liebst
Komplimente und sag ihnen, dass was Dein Herz
gerne ausdrücken möchte. Du wirst bemerken,
dass Du dann die gleichen wohlwollenden

Schwingungen zurückbekommst. Die Menschen um Dich werden glücklicher und fühlen sich wohl. Gleichzeitig erhältst Du die Schwingungen der Liebe, Wertschätzung und Achtung, die Du eben ausgestrahlt hast oder noch mehr.

Wenn Du so agierst in Deinem Leben, wird Leichtigkeit und Freude bei Dir einziehen und alle dunklen Wolken vertreiben.

Dazu ist es natürlich auch wichtig, dass Du negativen Informationen und Menschen, keine Aufmerksamkeit mehr schenkst. Wie vorhin erwähnt, färbt alles ab. Bleib bei Dir und strahle das aus, was Du erhalten möchtest.

Fernsehen darf weggelassen werden. Suche Dir bewusst nur die Sendungen und Filme aus, die auch Dein Herz erfüllen, Dich lachen machen oder Deine Liebesgefühle berühren. Aktion und Reaktion – frag Dich öfter: „Was macht diese Situation mit mir"? Oder: „Wie wirkt dieser oder dieser Mensch auf mich"?, Was bringst Du den Menschen entgegen, über deren Beziehung Du noch nicht ganz glücklich bist?

Es geht Hand in Hand mit der Wahrnehmung. Nimm Dir gleich jetzt einen Moment Zeit und übe Dich in der Wahrnehmung.

Schließe kurz Deine Augen und fühle in Dich.
Fühle auch Deinen Körper, innen und außen. Bleib
mit Deiner Aufmerksamkeit dabei, öffne die
Augen und nimm dazu den ganzen Raum in dem Du
im Moment bist. Alles, auch die Teile die Du
nicht siehst. Das Gefühl des Raumes, die Weite
oder Enge, das Licht und den Geruch – die
Atmosphäre.
Genauso kannst Du auch andere Menschen
wahrnehmen. Ihre Ausstrahlung, Gesichtszüge
und Gestiken, den Geruch und die Emotionen. Du
kannst sogar die Wirkung der Gedanken sehen,
die diese Menschen denken. Mit der Zeit wirst
Du noch mehr Fassetten des Seins erkennen und
Dich sehr gut daran orientieren können. Die
Bühne wird informativer, ganzheitlicher und Du
wirst bemerken, dass Deine Treffsicherheit
Deiner Entscheidungen und Einschätzungen bald
100 % werden. Wirklich wunderbar. Durch diese
Veränderung, bekommst Du so viel Information
über Dein Leben, dass die
Bewusstseinsveränderung auch auf andere
überspringt und alles läuft viel harmonischer ab.

Hier möchte ich Dir ein wundervolles Symbol
gegen Elektrosmog geben.

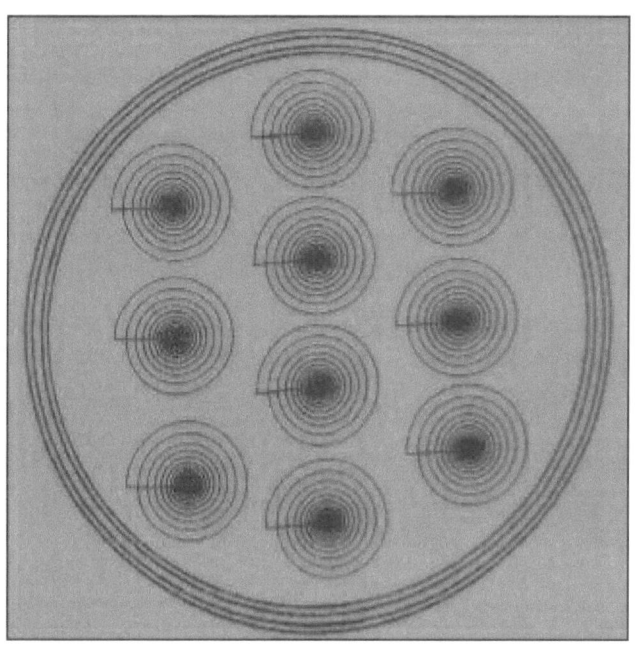

Wasser

Wasser ist eine eigene Dimension, wir können es weder vernichten und auch nicht erzeugen.

Es ist wahrscheinlich immer noch die gleiche Menge auf unserer Erde, seit Beginn der Tage, außer es wurde welches auf andere Planeten mitgenommen.

Wasser ist der beste und schnellste Informationsträger, was die Quantenphysik zeigt und von Dr. Masaru *Emoto* veranschaulicht wird.

Wir und unsere Erde bestehen zu ca. 70 % (der Mensch aus 70 % bis 90 %, je nach Gesundheit) aus Wasser. Wasser hat das Gedächtnis unserer Welt und von allem mit dem es in Berührung kommt.

Depressive Gedanken machen unser Körperwasser sehr schnell schal, energielos positive Gedanke machen unser Körperwasser lebendig, frisch, froh, heiter, energievoll. So funktioniert es. Alles steht in Interaktion. Wenn Du positiv und energievoll bist, das heißt ebensolche Gedanken hast, strahlst Du das in Deine ganze Welt aus und Deine Welt, also Dein Leben wird Dir genauso antworten.

Wasser gibt sich selbst immer die Information weiter, wo auch immer es kann. Wenn Du Wasser trinkst, kannst Du mit Deinen Gefühlen und Gedanken, Heilwasser daraus machen. Dein Bewusstsein – denken – fühlen – tun, ist von entscheidender Bedeutung. Sind wir bewusst, entscheiden wir über unsere Erfahrungen, wenn wir unaufmerksam sind, bleiben wir Spielball der Umstände, oder des Schicksals, wenn Du es so nennen willst.

Ich wünsche Dir besten Erfolg auf allen Ebenen und ein Leben im Wohlstand, so, dass es immer wohl um Dich steht. Liebe und jede Menge Erkenntnisse- sei gesegnet

Ich freue mich schon auf das weiterführende Büchlein für DICH.

Sei gesegnet, gesund, frei, und auf allen Ebenen von Erfolg und Wohlstand begleitet.
R.A.A.

Platz für Deine Notizen.

Herstellung und Verlag:
BoD - Books on Demand, Norderstedt
ISBN 978-3-7448-9282-7